PÉTITION

AU CONSEIL DES ANCIENS,

Sur l'exercice de l'action en rescision, pour cause de lésion d'outre - moitié contre les ventes d'immeubles faites pendant la dépréciation du papier-monnaie ;

ET NOTAMMENT

Contre le décret d'urgence dont est précédée la résolution.

LE 2 ventôse, le citoyen Favard a présenté au co nseil des cinq-cents, au nom d'une commission spéciale, un projet de résolution, qui paralyse complettement l'exercice de l'action en réscision, pour cause de lésion d'outre-moitié.

Le 27, ce projet a été accueilli par le conseil des cinq-cents.

Le 28 germinal, le citoyen Decombe-

A

rousse a proposé au conseil des anciens, au nom d'une commission spéciale , d'adopter cette résolution.

Le conseil des cinq - cents avait décrété l'urgence.

La commission du conseil des anciens lui propose aussi d'approuver le décret d'urgence.

Quels sont donc les motifs si urgents d'une si inconcevable célérité?

Le décret d'urgence n'a été autorisé par la constitution, que pour les cas où il y a *periculum in mora*, où la mesure proposée, aujourd'hui de première nécessité, serait dans quinze jours inutile, dangéreuse ou inexecutable ; où , enfin, le moindre délai ferait perdre sans retour l'occasion d'opérer un bien, ou de réparer un mal. C'est une exception dont l'usage doit être ménagé avec art, qu'il a été indispensable d'introduire pour quelques circonstances rares, mais dont l'abus sapperoit les fondemens de la charte constitutionnelle.

Est-il question d'une loi générale qui doit décider de la fortune de tous les propriétaires anciens et nouveaux de la République, d'une loi qui termine un procès où la moitié des

Français ont un intérêt direct et personnel, d'une loi qui, si elle pouvait dévier des principes solemnels du droit et de l'équité, changerait tous les rapports du *tien* et du *mien ;* d'une loi dont la nature particulière avertit le législateur de se méfier des conseils de l'intérêt privé, et d'éloigner de lui jusqu'au plus léger soupçon d'une influence de cette sorte ; d'une loi dont on a pu différer, sans danger, la proposition pendant trois et quatre ans ? Où sont alors les motifs ? où est même le prétexte de l'urgence ?

« Il importe, dit-on, de déterminer *promp-*
» *tement* dans quel cas et de quelle manière
» la lésion d'outre-moitié du juste prix pourra
» être opposée et établie contre les ventes
» dont le prix a été stipulé en assignats ».
Oui, sans doute, il serait à desirer que déja cette loi fût irrévocablement portée ; mais il importe bien plus qu'elle soit discutée avec toute la sagesse et la maturité d'une froide impartialité.

Le corps législatif a jugé la question assez importante pour en faire la matière de deux rapports très-étendus, qu'il a fait imprimer et distribuer à ses membres avant d'entamer la discussion. Mais, osons le dire, dans une affaire de cette nature , suffit-il que le travail des commissions des deux conseils soit lu et combattu par les seuls représentans ? L'arène ne doit-elle pas être ouverte à tous ceux qui peuvent , par l'issue de cette lutte , se voir dépouillés et ruinés sans ressource ?

S'il s'agissoit de créer une loi nouvelle qui ne dût recevoir son application que dans des cas prévus, mais non encore arrivés , et dans des contestations possibles, mais non encore ouvertes , c'est alors qu'il serait ridicule d'engager le législateur à s'environner des conseils de ceux qui un jour pourront avoir intérêt à ce que la loi soit conçue et rédigée de telle ou telle manière ; vaudrait autant réclamer la constitution de 1793 , qui soumettait tous les décrets législatifs à l'acceptation des assemblées primaires. Mais ici le cas est bien différent ; la loi dont est question n'est pas faite pour l'avenir , mais pour le passé ; ce ne sont pas des contestations à naître , mais des contestations commencées qu'elle terminera. C'est plutôt un jugement qu'une loi qu'il s'agit de rendre. Le procès est entamé ; les faits de la cause sont déterminés ; il faut appliquer les anciennes lois ; le corps législatif est juge ; mais au moins doit-il être permis aux parties de débattre elles-mêmes leurs intérêts, et de fournir leurs mémoires.

Je sais qu'en ce moment de savans juris-consultes de Paris, s'occupent d'un travail étendu sur cette question. Mais ils n'ont pû le rédiger avant d'avoir sous les yeux les rapports des deux commissions des conseils. Celui du conseil des anciens n'est distribué que d'hier ; si la discussion a lieu dans les vingt-quatre heures ou dans les trois jours, à quoi servira-t-il de relever toutes les erreurs qu'on croît y remarquer. Le décret sera rendu : ce sera alors plaider sa cause après avoir entendu son jugement.

Le tems me manque pour combattre pied-à-pied ce rapport dans toutes les propositions qui me paroissent erronées ; je ne puis cependant m'empêcher de répondre à quelques objections.

I.

On nous dit que l'assignat remplissait les fonctions du numéraire , qu'il était cons-tamment l'intermédiaire qu'on employait entre les objets d'échange ; que la circula-tion légale de ce signe monétaire le faisait marcher de pair avec les monnoies d'or et d'argent ; qu'avec l'assignat on obtenait ce qu'ont toujours obtenu les valeurs métalliques (pag. 8.). On en conclut que l'assignat avait une valeur réelle , qu'il pouvait dèslors être un prix *sérieux , certain et déterminé* , qu'ainsi les immeubles vendus ne peuvent être estimés que contre des assignats.

Que manque-t-il a ce raisonnement ? Une seule chose : l'exactitude et la justesse. La majeure est entièrement fausse. Pour qu'il fût vrai que l'assignat représentait l'argent, il faudrait que cent francs assignats valussent cent francs argent. Une valeur n'est réelle qu'autant qu'elle est inaltérable. Un prix n'est sérieux , certain et déterminé qu'autant qu'il est insusceptible, par son essence, de s'anéantir de lui-même , en un instant, entre les mains de celui qui le reçoit. Pourquoi les lois romaines et notre ancienne jurisprudence n'attachaient-elles l'idée de prix sérieux , certain et déterminé qu'à la monnaie métallique ? C'est que la monnaie métallique n'est pas seulement un signe représentatif des marchandises, mais qu'elle est aussi une marchandise rare, précieuse et inaltérable. Les assignats, au contraire, n'avaient qu'une valeur toute illusoire et conventionelle. La marchandise, qui le mois dernier se payait cent francs assignats, en valait aujourd'hui dix mille. Aussi n'a-t-il fallu qu'un décret pour ôter toute espèce de prix à la masse entière de cette monnaie ; aussi tout possesseur d'assignats ne calculait-il sa richesse que par la quotité d'écus représentée par cette monnaie de papier. Lorsqu'on disoit : j'ai cent mille francs assignats, on ajoutait de suite : cela me fait vingt, dix, cinq ou trois mille francs argent ; et malheuresement il fallait tous les jours recommencer ce calcul, qui décroissait à chaque heure et à chaque instant. Il est donc de toute impossibilité de connaître la valeur-réelle d'un immeuble vendu il y a trois ans, en l'estimant contre des assignats.

I I.

Le plus fort argument des vendeurs est de dire : comparez au moins le prix que nous avons reçu avec celui que nous avions stipulé. Nous n'avions consenti à la vente que pour cent mille livres assignats qui valaient au moins quarante mille livres écus. On nous a bien donné cent mille livres assignats, mais ils ne valaient plus alors que huit mille livres écus.

A 4

Jamais on ne croira que la commission du conseil des anciens ait cru répondre à cette objection par cette loi romaine qui est toute entière en faveur des vendeurs : *minus autem pretium esse videtur, si nec dimidia pars veri pretii quod fuerat tempore venditionis soluta sit.* La commission ne s'attache qu'à ces mots : *quod fuerat tempore venditionis.* J'observerai d'abord qu'ils ne sont pas dans la loi citée, et que d'ailleurs, pour en arguer, il faut connoître bien précisément le sens du mot *pretium,* auquel ils doivent se rapporter. *Pretium* ne signifie point ici le prix stipulé de l'immeuble, mais sa valeur estimative. Le sens de la loi n'est pas que l'acquéreur doit avoir payé au moins la moitié du prix stipulé, mais la moitié de la valeur réelle de la chose. La commission néglige encore le sens de ces mots *veri, soluta. Verum pretium* signifie la valeur réelle de la chose vendue. De quelque manière que les législateurs veuillent s'exprimer, il faudra toujours qu'ils permettent l'action en lésion d'outre-moitié à tout vendeur qui a cédé sa chose pour un prix qui n'aura pas égalé la moitié de sa valeur réelle. Ainsi, bien que telle maison vendue cent mille francs

assignats , ait été vendue le plus cher possible en papier , si ces cent mille francs
n'égalaient pas la moitié de la valeur-réelle
de l'immeuble , le contrat doit être rescindé.
En déterminant ainsi le sens de ces mots :
verum pretium , vous pouvez y ajouter ,
si vous voulez , ceux-ci : *quod fuerat tem-*
pore venditionis. Il est évident que c'est
au jour de la vente qu'il faut se reporter
pour avoir l'estimation de la valeur-réelle de
la chose. Mais faites encore bien attention
au dernier mot *soluta* , qui ne signifie pas
promis mais *payé*. Il ne suffit pas que l'acquéreur se soit engagé à payer au moins la
moitié de la valeur-réelle de la chose , il
faut qu'en effet il l'ait payé. Lorsqu'il s'agit
d'écus , donner la quotité promise , c'est
donner tout ce qu'on doit. Il n'en est pas
de même des assignats , dont la valeur décroissait chaque jour. Donner la quotité
promise , c'étoit très-souvent ne pas payer
le demi-quart de ce qu'on devait. Ainsi ,
sous tous les rapports , la loi citée se trouve
en contradiction avec la résolution du 27
ventôse.

I I I.

On remarque dans le rapport de la commission du conseil des anciens , une citation vraiment curieuse. Ce sont ces deux fragmens de deux lois du digeste : *Nam in pretio emptionis et venditionis naturaliter licet contrahentibus se circum venire...,.. Sublatâ spe quaestus , languet mercatus.* On conclut de-là que la vilité du prix , même d'après les lois romaines , ne résout pas toujours la vente.

Quiconque connaît les premiers élémens de la langue latine , a déja répondu à cette objection par la traduction littérale de ces deux fragmens qui signifient: *Dans tout marché, il est permis aux parties contractantes de se débattre sur le prix ; il est loisible au vendeur de chercher à vendre le plus cher possible , et à l'acheteur de chercher à payer au meilleur marché possible...... Sans l'espoir du du gain, le commerce languit.* Mais se débattre sur le prix , ce n'est pas chercher à se tromper. Vouloir acheter à bon marché , ce n'est pas vouloir acquérir à vil prix. Le commerce ne s'entretient que par l'espoir du gain; mais la loi ne permet que les gains légitimes ; et la loi dit que celui qui achète une chose moitié moins de sa valeur réelle, a trompé son vendeur ; il a fait un gain illicite.

I V.

On avait objecté aux vendeurs que le vice de la plupart des échelles de dépréciation s'opposait à leurs réclamations. Leur première réponse a été fort simple. Si vos échelles sont mal basées, refondez-les. « Réforma- » teurs aveugles, s'écrie la commission, vous » ne voyez donc pas que ces tableaux, quels » qu'ils puissent être, ont déja servi de règle » pour juger mille et mille contestations, etc. » etc. etc. ». Eh bien ! d'accord ; admettons ces tableaux, quels qu'ils soient. Puisqu'ils ont servi à terminer une foule de procès, qu'ils soient encore notre régulateur dans ces circonstances ; mais ne vous en servez pas contre les vendeurs comme d'une arme à double tranchant. S'ils ne peuvent être employés ici, ne dites pas qu'il n'en faut pas faire de nouveaux. Je ne veux pas que les ac- quéreurs soient jugés sur un principe vicieux; mais ils ne doivent pas davantage préjudicier aux vendeurs. Si au contraire ils ont déja, malgré leur imperfection, été employés utilement, ne les rejetez pas aujourd'hui ; car enfin tout se réduit à ceci : D'après ces tableaux, vous avez réduit à 10,000 liv. écus 100,000 liv. assignats, que tel acquéreur avait emprunté le premier floréal de l'an III. Vous ne pouvez pas faire que ce même jour, ces mêmes 100,000 l. assignats lui aient valu légalement 50,000 liv. écus.

V.

Dans une pareille question, on ne devrait s'opposer mutuellement que des raisons ; toute personnalité devrait être écartée avec soin. Dans mes deux premiers mémoires, j'ai soutenu le droit des vendeurs, sans examiner si les acquéreurs ont gagné légitimement ou non, les assignats qu'ils ont donné en échange des immeubles qu'ils ont acquis ; c'est avec regret que j'ai lu dans le rapport de la commission ces mots reprobateurs, qui semblent appeler la haine public sur la masse des vendeurs. « Où est donc la fraude ? Où » est donc la lésion ? Elles ne sont nulle » part ; on ne voit que des *spéculateurs* » cherchant tous à gagner, cherchant tous à

» rendre leur condition meilleure , et voyant
» presque toujours leurs combinaisons avouées
» par le succès , (pag. 5).... L'on peut dire
» à chacun des vendeurs : vous avez , il est
» vrai, aliéné votre propriété, dont vous n'avez
» reçu que des assignats , mais vous avez
» acquis une propriété équivalente ; mais
» vous avez payé des dettes ; mais vous avez
» formé un établissement de commerce ;
» mais vous avez fait de vos assignats l'em-
» ploi le plus utile , (page 5)... Les amis
» du trône et les ennemis de la républi-
» que, pour se procurer des assignats qu'ils
» convertissoient en or, ont vendu une par-
» tie de leurs immeubles. Delà des secours
» aux émigrés , une solde aux traîtres de
» l'intérieur , (page 4) ».

Je prendrais volontiers l'engagement de
démontrer par des preuves plus claires que
le jour, que sur cent vendeurs , il en est à
peine un à qui l'on eût le droit d'adres-
ser ce langage ; mais je n'ai pas entrepris la
réfutation du rapport de la commission ; je
n'ai voulu qu'indiquer les principaux motifs
de rejetter au moins le décret d'urgence ,
et réclamer les trois lectures constitution-

nelles ; que je regarde comme un devoir
dont le législateur ne peut se dispenser que
dans des circonstances très-rares!, et lorsqu'il
y a en effet *periculum in morâ.*

VIGNAN.

De l'Imprim. des Annales d'Agriculture,
rue de Seine, n° 38, faubourg Saint-Germain.

9 782014 061239